Yf 10337

TEXTE ORIGINAL

DE LA CÉRÉMONIE

DU

MALADE IMAGINAIRE

DE MOLIÈRE.

TOULOUSE

L. JOUGLA, LIBRAIRE-ÉDITEUR,

Rue Saint-Rome, 46.

—

1852.

NOTE DE L'ÉDITEUR.

Le premier, Charles Nodier avait indiqué, comme une macaronée pure, non destinée d'abord au théâtre la scène de réception du *Malade imaginaire* ; mais, depuis, M. Charles Magnin a découvert, dans un exemplaire probablement unique d'une vieille édition de cette comédie (Rouen 1673), cent cinquante vers macaroniques de plus qu'il ne s'en trouve dans aucune autre édition.

Ces vers macaroniques avaient été reproduits une seule fois dans la traduction italienne de Moliére, par Nic. de Castelli, (Leipsic, 1697, 4 vol. in-12).

A son tour, M. Octave Delepierre publie *in extenso* le texte primitif de la cérémonie du *Malade*, dans l'excellent et curieux livre qu'il vient de donner sous le titre de *Macaroneana* (Paris-Brighton, 1852, in-8º). Nous réimprimons d'après cet ouvrage la cérémonie telle que, dans l'origine, elle fut écrite par son auteur; c'est le complément indispensable de toutes les éditions de Molière.

Si, comme l'affirme le *Bolecana*, la *Cérémonie du Malade imaginaire* fut conçue et en quelque sorte improvisée dans un dîner où se trouvaient rassemblés Molière, Boileau, Ninon et Mme de la Sablière, nous ne saurions nous faire une trop haute idée du charme de ces réunions de beaux esprits qui savaient imprimer, même à leurs plus folles plaisanteries, le sceau de l'immortalité.

TEXTE ORIGINAL

DE LA

CÉRÉMONIE DU MALADE IMAGINAIRE

DE MOLIÈRE.

Receptio publica unius juvenis medici in Academia Burlesca, Joannis Baptistæ Molière, doctoris comici. Editio troisième. Revisa et de beaucoup augmentata super manuscriptos trovatos post suam mortem. A Amsterdam, chez Jean-Maximilian Lucas, marchand Libraire, tenant son magazin sur le Dam MDCLXXIII.

ACTA ET CEREMONIA RECEPTIONIS.

PRÆSES.

Savantissimi doctores,
Medicinæ professores,
Qui hic assemblati estis;
Et vos altri messiores,
Sententiarum facultatis
Fideles executores,
Chirurgiani et apothicari,
Salus, honor et argentum
Atque bonum appetitum.
Non possum, docti confreri,
En moi satis admirari,
Qualis bona inventio
Est medeci professio;
Quam bella chosa est, et bene trovata
Medicina illa benedicta
Quæ suo nomine solo,
Surprenanti miraculo,
Depuis si longo tempore,
Facit a gogo vivere
Tant de gens omni genere.

Per totam terram videmus
Grandam vogam ubi sumus ;
Et quod grandes et petiti
Sunt de nobis infatuati ;
Totus mundus currens ad nostros remedios,
Nos regardat sicut deos,
Et nostris ordonnanciis
Principes et reges soumissos videtis.
Doncque ideo, id est nostræ sapientiæ
Boni sensus et magnæ prudentiæ
De fortement travaillare
A nos bene conservare
In tali credito, voga et honore
Et prendere gardam a non recevere
In nostro docto corpore,
Quam personas capabiles
Et totas dignas remplire
Has plaças honorabiles.
C'est pour cela que nunc convocati estis
Et credo quod trovabitis
Dignam materiam medici
In savanti homine que voici,
Lequel in chosis omnibus
Dono ad interrogandum
Et a fond examinandum
Vestris capacitatibus.

PRIMUS DOCTOR.

Si mihi licentiam dat dominus Præses
Et tanti docti doctores
Et assistantes illustres,
Très savanti Bacheliero
Quem estimo et honoro,
Domandabo causam et rationem quare
Opium facit dormire ?

BACHELIERUS.

Mihi a docto doctore
Domandatur causam et rationem quare
Opium facit dormire ?

A quoi respondeo
Quia est in eo
Vertus dormitiva
Cujus est natura
Sensus assoupire.

Chorus.

Bene, bene, bene respondere,
Dignus, dignus est intrare
In nostro docto corpore.

SECUNDUS DOCTOR.

Proviso quod non displiceat,
Domino præsidi lequel n'est pas fat,
Mais benigne annuat;
Cum totis doctoribus savantibus
Et assistantibus bienveillantibus
Dicat mihi un peu dominus prætendens,
Raison a priori et evidens,
Cur rhubarba et le séné
Per nos semper est ordonné,
Ad purgandum l'utramque bile?
Si dicit hoc, erit valde habile.

Bachelierus.

A docto doctore mihi, qui sum prætendens,
Domandatur raison a priori et evidens,
Cur rhubarba et le sené
Per nos semper est ordonné
Ad purgandum l'utramque bile.
Respondeo vobis
Quia est in illis
Virtus purgativa
Cujus est natura
Istas duas biles evacuare.

Chorus.

Bene, bene, bene respondere, etc.

TERTIUS DOCTOR.

Ex responsis, il paraît jam sole clarius

Quod lepidum iste caput Bachelierus,
Non passavit suam vitam ludendo au trictrac,
Nec in prenando du tabac;
Sed explicit pourquoi furfur macrum et parvum lac
Cum phlebotomia et purgatione humorum,
Appellantur a medisantibus idolæ medicorum,
Nec non pontus asinorum?
Si premièrement grata sit domini præsidi
Nostra libertas questionandi,
Pariter dominis doctoribus
Atque de tous ordres benignis auditoribus.

BACHELIERUS.

Quærit a me dominus doctor
Chrysologos, id est, qui dit d'or,
Quare parvum lac et furfur macrum,
Phlebotomia et purgatio humorum
Appellantur a medisantibus idolæ medicorum,
Atque pontus asinorum.
Respondeo quia
Ista ordonnando non requiritur magna scientia,
Et ex illis quatuor rebus,
Medici faciunt ludovicos, pistolas et des quart d'écus.

CHORUS.

Bene, bene, etc.

QUARTUS DOCTOR.

Cum permissione domini præsidis,
Doctissimæ facultatis
Et totius his nostris actis
Companiæ assistantis
Domandabo tibi, Bacheliere,
Quæ sunt remedia
Tam in homine quam in muliere
Quæ in maladia
Ditta hydropisia,
In malo caduco, apoplexia, convulsione et paralysia
Convenit facere.

Bachelierus.

Clysterium donare,
Postea segnare,
Ensuita purgare.

Chorus.

Bene, Bene, etc.

QUINTUS DOCTOR.

Si bonum semblatur domino, Præsidi,
Doctissimæ facultati
Et companiæ ecoutanti,
Domandabo tibi, erudite Bacheliere,
Ut revenir un jour à la maison gravis ære,
Quæ remedia colicosis, fievrosis,
Maniacis, nephriticis, phreneticis,
Melancholicis, demoniacis,
Asthmaticis, atque pulmonicis
Catarrhosis tussicolisis,
Guttosis, ladris atque gallosis,
In apostemasis, plagis et ulcere,
In omni membro démis, aut fracturé
Convenit facere?

Bachelierus.

Clysterium donare, etc.

Chorus.

Bene, Bene, etc.

SEXTUS DOCTOR.

Cum bona venia reverendi Præsidis,
Filiorum Hippocratis
Et totius coronæ nos admirantis,
Petam tibi, resolute Bacheliere,
Non indignus alumnus di Monspeliere;
Quæ remedias cœcis, surdis, mutis,
Manchotis, claudis, atque omnibus estropiatis,
Pro coris pedum, malum de dentibus, pesta, rabie,
Et nimis magna commotione in omni novo marié,
Convenit facere?

Bachelierus.

Clysterium donare, etc.

Chorus.

Bene, bene, etc.

septimus doctor.

Super illas maladias
Dominus Bachelierus dixit maravillas;
Mais si non ennuio doctissimam facultatem
Et totam companiam honorabilem
Tam corporaliter quam mentaliter hic presentem,
　Faciam illi unam questionem;
　De hiero maladus unus
　Tombavit in meas manus,
Homo qualitatis et dives comme un crésus,
Habet grandam fievram cum redoublamentis,
　Grandam dolorem capitis
Cum troublatione spirii et laxamento ventris,
　Grandum insuper malum au côté
　Cum granda difficultate
　Et pena de respirare :
　Veuillas mihi dire,
　Docte Bacheliere
　Quid illi facere.

Bachelierus.

Clysterium donare, etc.

Chorus.

Bene, bene, etc.

idem doctor.

Mais si la maladia
　Opiniatria
Ponendo medicum a quia,
Non vult se guarire,
Quid illi facere?

Bachelierus.

Clysterium donare, etc.

Chorus.

Bene, bene, etc.

OCTAVUS DOCTOR.

Impetro favorabile congé,
A domino præside
Ab electa trouppa doctorum,
Tam practicantium quam practica avidorum,
Et a curiosa turba badaudorum,
Ingeniose Bacheliere,
Qui non potuit esse jusqu'ici déferré,
Faciam tibi unam questionem de importantia.
Messiores, detur nobis audientia.
Isto die bene mane,
Paulo ante mon déjeuné,
Venit ad me una domicella
Italiana, jadis bella,
Et ut penso, encore un peu pucella,
Quæ habebat pallidos colores,
Fievram blançam dicunt magis fini doctores,
Quia plaignebat se de migraina,
De curta halena,
De granda oppressione,
Jambarum enflatura et effroiabili lassitudine ;
De batimento cordis,
De strangulamento matris,
Alio nomine vapor hystérique,
Quæ, sicut omnes maladiæ terminatæ en ique,
Facit à Galien la nique.
Visagium apparebat bouffietum, et coloris
Tantum vertæ quantum merda anseris,
Ex pulsu petito valde frequens, et urina mala
Quam apportaverat in phiola,
Non videbatur exempta de febricule ;
Au reste, tam debilis quod venerat
De son grabat,
In cavallo sur une mule,
Non habuerat menses suos,

Ab illa die qui dicitur des grosses eaux,
Sed contabat mihi à l'oreille,
Che si non era morta, c'était grand'merveille,
Perchè in suo negotio
Era un poco d'amore et troppo di cordoglio ;
Che suo galanto sen era andato in Allemagna,
Servire al signor Brandebourg una campagna.
Usque ad maintenant multi charlatani,
Medici, apothicari et chirurgiani
Pro sua maladia in vano travaillaverunt,
Juxta même las novas gripas istius bourru Van Helmont,
Amploiantes ab oculis cancri, ad Alcahest ;
Veuillas mihi dire quid superest
Juxtas orthodoxas illi facere.

Bachelierus.

Clysterium donare, etc.

Chorus.

Bene, bene, etc.

idem doctor.

Mais si tam grandum couchamentum
Partium naturalium
Mortaliter obstinatum
Per Clysterium donare
Seignare
Et reiterando cent fois purgare
Non potest se guarire,
Finaliter quid trovaris a propos illi facere?

Bachelierus.

In nomine Hippocratis benedictam cum bono
Garçone conjunctionem imperare.

Chorus.

Bene, bene, etc.

Præses.

Juras gardare statuta

Per facultatem prescripta
Cum sensu et jugeamento?

Bachelierus.

Juro.

Præses.

Essere in omnibus
Consultationibus
Ancieni aviso,
Aut bono, aut mauvaiso?

Bachelierus.

Juro.

Præses.

De non jamais te servire
De remediis aucunis,
Quam de ceux seulement Almæ facultatis,
Maladus dût-il crevare
Et mori de suo malo?

Bachelierus.

Juro.

Præses.

Ego cum isto bonetto
Venerabili et docto,
Dono tibi et concedo
Puissanciam, vertutem, atque licentiam,
Medicinam cum methodo faciendi.
Id est
Clysterizandi,
Seignandi,
Purgandi,
Sangsuandi,
Ventousandi,
Scarificandi,
Perçandi,
Taillandi,
Coupandi,

Trepanandi,
Brulandi,
Uno verbo, selon les formes, atque impune occidendi,
Parisiis et per totam terram.
Rendes, domine, his Messioribus gratiam.

BACHELIERUS.

Grandes doctores doctrinæ
De la rhubarbe et du séné,
Ce serait à moi sine dubio chosa folla,
Inepta et ridicula,
Si j'allaibam m'engageare
Vobis louangeas donare,
Et entreprenoibam ajoutare
Des lumieras au soleillo,
Des etoilas au cielo,
Des flammas à l'inferno,
Des ondas à l'Oceano,
Et des rosas au printano.
Agreate qu'avec uno moto
Pro toto remercimento
Rendam gratias corpori tam docto.
Vobis, vobis, vobis debeo
Davantage quam naturæ et patri meo.
La natura et pater meus
Hominem me habent factum :
Mais vous me, ce qui est bien plus,
Habetis factum medicum ;
Honor, favor et gratia,
Qui in hoc corde que voilà,
Imprimant ressentimenta
Qui dureront in secula.

CHORUS.

Vivat, vivat, vivat, vivat, cent fois vivat,
Novus doctor qui tam bene parlat !
Mille, mille annis et manget et bibat,
Et seignat et tuat !

Chirurgus.

Puisse-t-il voir doctas
Suas ordonnancias
Omnium chirurgianorum
Et apothicariorum
Remplire boutiquas !

Apothicarius.

Puissent toti anni
Lui essere boni
Et favorabiles
Et n'habere jamais
Entre ses mains pestas, epidemias
Quæ sunt malas bestias;
Mais semper pluresias, pulmonias,
In renibus et vessia pierras,
Rhumatismos d'un anno, et omnis generis fievras,
Fluxus de sanguine, gouttas diabolicas,
Mala de sancto Joanne, Poitevinorum colicas,
Scorbutum de Hollandia, verolas parvas et grossas,
Bonos chancros, atque longas calidopissas !

Bachelierus.

Amen.

Chorus.

Vivat, vivat, vivat, vivat, cent fois vivat,
Novus doctor qui tam bene parlat !
Mille, mille annis et manget et bibat,
Et seignat et tuat !

Toulouse. — Imprimerie de Ph. Montaubin, petite rue Saint-Rome, 1.

www.ingramcontent.com/pod-product-compliance
Lightning Source LLC
Chambersburg PA
CBHW060618050426
42451CB00012B/2317